Tea Orsi

MEIN GROẞES VORLESEBUCH VON DRACHEN, FEEN UND ANDEREN FABELWESEN

illustriert von Anna Láng

Aus dem Englischen übersetzt von Anna Taube

Loewe

INHALT

DAS BUCH DER DRACHEN

DAS BUCH DER MAGISCHEN WALDWESEN

DAS BUCH DER DRACHEN

EINLEITUNG

HALLIHALLO! WEISST DU, WER ICH BIN?

Es ist echt schwer zu erraten, deswegen verrate ich es dir: Ich bin ein Hüter magischer Geschöpfe! Na ja, jedenfalls bald.

Denn ob du es glaubst oder nicht: Ich mache gerade eine Ausbildung, um ein Hüter magischer Geschöpfe zu werden. Alles, was mir mein Vater in dieser Zeit beigebracht hat, habe ich in meinem Tagebuch aufgeschrieben. Mein Vater ist selbst ein großartiger Hüter magischer Geschöpfe. Und er hat mir alles, wirklich alles über die wunderbaren Wesen erzählt, um die wir uns gemeinsam kümmern.

Eine letzte Prüfung muss ich noch bestehen, dann werde auch ich ganz offiziell ein Hüter magischer Geschöpfe sein. Und diese Prüfung findet schon bald statt – ist das nicht aufregend? Deswegen lerne ich jeden Tag noch mehr über die Zauberwesen.

Und ganz besonders mag ich ... Drachen!

Wusstest du, dass es viele verschiedene Arten von Drachen gibt? Jede Drachenart hat ihre Besonderheiten – und jeder Drache ist einfach einzigartig! Manche Drachen speien Feuer, andere nicht. Manche können fliegen, andere gehen lieber zu Fuß. Jeder Drache hat seine Eigenheiten und Angewohnheiten. Deshalb ist es eine großartige Erfahrung, mit Drachen zu arbeiten ... und sich mit ihnen anzufreunden.

Inzwischen habe ich sogar ihre Sprache gelernt. Und ich verrate dir ein Geheimnis: Drachen sind richtige Plaudertaschen! Sie lieben es, Geschichten zu erzählen. Und ihr Lieblingsthema sind ... natürlich Drachen!

Doch sie erzählen nicht irgendwelche Geschichten. Nein, es sind fantastische Legenden aus allen Teilen der Welt. Niemand weiß, ob sie wahr sind oder nicht. Aber es sind immer unfassbar spannende Abenteuer. In diesem Buch habe ich sie alle gesammelt. Möchtest du mehr erfahren?

Ja? Das dachte ich mir doch. Viel Spaß mit meinen Freunden, den Drachen!

RITTER GEORG UND DER KATALANISCHE RIESENDRACHE

SPANIEN

Diese Geschichte hat mir ein Drache aus Katalonien erzählt. Katalonien ist eine Region in Spanien. Und dort wird bis heute ein Fest zu Ehren des heiligen Georg gefeiert. Warum, wirst du gleich erfahren. Vergiss nur nicht: Einige Drachen sind wirklich abscheulich! Und jetzt wirst du einen von ihnen treffen ...

Vor langer Zeit lebte ein Drache in einer kleinen Stadt in Spanien. Bitte frage mich nicht, wie die Stadt hieß. Irgendwie hat sie jedes Mal, wenn mir diese Geschichte erzählt wird, einen anderen Namen! Jedenfalls war dieser Drache wirklich gefährlich. Er spie zwar kein Feuer, aber seine Lieblingsbeschäftigung war es, allen Leuten Angst und Schrecken einzujagen und die Luft mit seinem giftigen Atem zu verpesten!

Außerdem fraß der Drache jeden Tag zwei Menschen, einen zum Frühstück und einen zum Abendessen! Die Bewohner der Stadt fanden es gar nicht lustig, als Drachenfutter in seinem Magen zu enden. Aber was sollten sie gegen einen so großen, gefährlichen Drachen schon ausrichten? Deshalb wählten sie schweren Herzens jeden Tag zwei arme Seelen aus und schickten sie zu dem Biest.

Dafür wurde der Name eines jeden Stadtbewohners auf ein Stück Pergamentpapier geschrieben und anschließend in einem Korb gesammelt. Morgens wurden zwei Zettel gezogen. Und so kam es, dass eines Tages auch die Prinzessin ausgewählt wurde!

Ihr Vater, der König, erschrak zutiefst. Keinesfalls wollte er sie gehen lassen. Doch die Prinzessin ließ sich nicht aufhalten. Gefasst machte sie sich bereit und verabschiedete sich von ihrem Vater. (Mutig, nicht?)

Der fiese Drache freute sich schon auf den zarten Prinzessinnen-Happen. Doch da galoppierte ein Ritter in die Stadt!

Er trug eine glänzende Rüstung und ritt auf einem weißen Pferd, wie es sich für einen Ritter gehört. Sein Name war Georg und er sah sehr entschlossen aus …

Ohne zu zögern, ritt Georg auf den Drachen zu und stieß ihm einen langen Speer mitten ins Herz. Der Drache brüllte wütend und fiel zu Boden.

Nun brach tosender Jubel aus! Die Prinzessin war gerettet. Und nicht nur sie, sondern alle Bewohner der Stadt! Glücklich feierten die Menschen ihren Helden, den Ritter Georg. Und gewiss kannst du dir vorstellen, wie froh und dankbar der König und die Prinzessin waren!

Da passierte mit einem Mal etwas Wunderbares: Rund um den Drachen wuchsen Ranken voll herrlich duftender roter Rosen aus dem Boden! Georg brach eine Blüte ab und schenkte sie der Prinzessin.

Seither schenken sich Liebende in ganz Katalonien jedes Jahr am Tag des heiligen Georg rote Rosen. Ist das nicht ein schöner Brauch?

RITTER GEORGS KAMPF MIT DER GRAUSAMEN CUCA

PORTUGAL

Jetzt mache ich dich mit Cuca bekannt, einem weiblichen Drachen aus Portugal. Cuca ist sehr berühmt und es gibt viele Geschichten über sie. Diese hier ist die Lieblingsgeschichte meiner Drachenfreunde. (Sie erzählen sie mir immer wieder, ich schwöre es!)

Vor vielen, vielen Jahren (so vielen, dass ich sie kaum zählen kann) lebte Cuca in einem kleinen Dorf in Portugal. Alle Menschen im Dorf hatten schreckliche Angst vor ihr. Doch eines Tages galoppierte ein Ritter heran. Genau, du kennst ihn schon: Es war Georg! (Er hat wirklich viele Drachen bekämpft. Kein Wunder, dass er so berühmt ist!) Furchtlos stürzte sich Georg auf Cuca. Er verletzte sie am Ohr – und nahm ihr damit ihre ganze Kraft.

Bis heute feiern die Bewohner der portugiesischen Stadt Monção diesen Tag. Dazu schneidern sie tolle Kostüme und führen die große Schlacht zwischen Georg und Cuca als Theaterstück auf.

Jedes Jahr erwarten die Menschen in Monção den Ausgang mit Spannung: Wenn Cuca während der Aufführung Georgs Pferd erschreckt, wird es in diesem Jahr eine schlechte Ernte geben. Gelingt es dem Ritter aber, den Drachen zu verscheuchen, wird die Ernte reichlich. Das mag ein Aberglaube sein, aber die Menschen sind fest davon überzeugt, dass es stimmt.

MARTHA UND DIE SCHRECKLICHE TARASQUE

FRANKREICH

Diese Geschichte hat sich an den Ufern der Rhône, eines Flusses in Frankreich, zugetragen und ihre Heldin ist überaus mutig. Sogar meine Drachenfreunde geben zu, dass sie das Biest fürchten, dem sie sich gestellt hat!

Vor einigen Jahrhunderten lebte in einer kleinen Stadt namens Nerluc ein riesengroßes Drachenweibchen. Die Hälfte seines Körpers war von Schuppen bedeckt. Seine Pranken waren groß wie die eines Bären, seine Zähne scharf wie Schwerter und sein Schwanz mit scharfen Dornen übersät. Es war wirklich furchterregend, sage ich dir!

Im Wasser verborgen, lauerte das Biest jedem auf, der sich dem Flussufer näherte. Sogar Schiffe zerbiss es, ohne mit der Wimper zu zucken!

Sein Name war Tarasque (das wird „Tarask“ ausgesprochen) und niemand wagte es, sich ihm in den Weg zu stellen. Kein Wunder!

Eines Tages hatte jemand die gute Idee, die heilige Martha um Hilfe zu bitten. Martha war eine freundliche und entschlossene Frau und alle hofften, dass sie es schaffen würde, die grässliche Drachin zu besänftigen. Und Martha kam! Sie erreichte den Fluss genau in dem Augenblick, als die Tarasque einen zu Tode verängstigten Mann verspeisen wollte.

Martha nahm die kleine Flasche mit Weihwasser, die sie immer dabeihatte, und schüttete es über der Drachin aus.

Augenblicklich war die Tarasque gezähmt! Der arme Kerl konnte ihr entkommen und machte sich wie der Blitz aus dem Staub.

Martha ging auf die – nun harmlose – Tarasque zu und band ihr einen Strick, den sie als Gürtel trug, um die Schnauze. Daran führte Martha sie in die Stadt.

Die Menschen trauten ihren Augen nicht! Und sie konnten kaum glauben, dass sie weder die Drachin noch die Gefahr, in ihrem Bauch zu landen, länger fürchten mussten. Das feierten sie mit einem großen Fest für die mutige heilige Martha!

Um sich immer an das wunderbare Ereignis zu erinnern, änderten die Menschen sogar den Namen ihrer Stadt: Bis heute heißt sie Tarascon.

DER WEISSE UND DER ROTE DRACHE

WALES

Wusstest du, dass auf der Flagge von Wales ein großer roter Drache zu sehen ist? In der folgenden Geschichte erfährst du, warum! Sie wurde mir von einem walisischen Drachen erzählt, der sehr stolz darauf war, aus diesem saftig-grünen Landstrich zu kommen. Er behauptete sogar, der Drache auf der Flagge zu sein. Aber ich bin mir nicht sicher, ob das stimmt …

Vor langer, langer Zeit befahl Vortigern, der König der Briten, auf dem Hügel Dinas Emrys in Wales eine gewaltige Festung zur Verteidigung gegen die Angelsachsen bauen zu lassen.

Doch kaum war der Bau fertiggestellt, geschah etwas Merkwürdiges: Über Nacht wurden die Mauern von übermächtigen unsichtbaren Kräften zerstört.

Der König war sehr verärgert. Mehrmals ließ er die Festung wieder aufbauen – und jedes Mal brach sie über Nacht zusammen, als sei sie aus Sand!

Doch Vortigern wollte nicht aufgeben. Da empfahlen ihm seine Berater, ein Waisenkind zu opfern, um die unheimlichen Kräfte zu besänftigen. (Was die Leute damals eben so glaubten!)

Sofort ließ der König nach einem Waisenkind suchen. Schließlich wurde ein Junge zu ihm gebracht. Wer er war, ist heute nicht mehr ganz klar. Einige meinen, er sei niemand anders als der berühmte Zauberer Merlin gewesen, den du vielleicht aus der Legende von König Artus und den Rittern der Tafelrunde kennst.

Dieser Junge hatte jedenfalls keine Lust, sich opfern zu lassen, das kannst du dir vorstellen. Stattdessen erklärte er Vortigern den wahren Grund, warum die Mauern einstürzten: Unter der Festung lebten nämlich zwei Drachen, ein weißer und ein roter. Und jede Nacht kämpften die zwei gegeneinander, dass die Mauern nur so bebten. Woher der Junge das wusste? Keine Ahnung. Er muss wohl wirklich ein Zauberer gewesen sein!

Der Junge wusste außerdem, dass der rote Drache Y Ddraig Goch hieß und für die Waliser antrat, während der weiße für die Angelsachsen stand. Und genau wie diese verfeindeten Völker kämpften also die beiden Drachen gegeneinander.

Statt den Jungen zu opfern, entschied sich Vortigern, ihm zu glauben und ihn gehen zu lassen. Dann befreite er die zwei Drachen. Jetzt konnten sie ihren Kampf zwischen den walisischen Hügeln zu Ende führen.

Nach einem langen Kampf gewann der rote Drache Y Ddraig Goch schließlich die Oberhand. Er flog auf und davon und König Vortigern konnte endlich seine Festung fertig bauen lassen.

Diese Geschichte erzählte man sich in Wales so gern, dass viele Jahre später König Cadwaladr ap Cadwallon befahl, den roten Drachen fortan als Symbol in der Flagge seines Reiches zu führen!

JULIUS UND DER SCHLANGENDRACHE

ITALIEN

Diese Geschichte kenne ich besonders gut, denn ein italienischer Drache erzählt sie mir immer wieder. Sie handelt von einem mutigen Mann mit einem ganz besonderen Mantel …

Vor vielen Jahrhunderten lebten zwei Brüder, die hießen Julius und Julian. Die beiden hatten einen ehrgeizigen Plan: Sie wollten ihre Religion in ganz Italien verbreiten. Und nicht nur das. In jedem Ort, durch den sie kamen, wollten sie eine Kirche bauen. (Ein ganz schön großes Vorhaben!)

Ihre Reise war lang und voller Gefahren, Hindernisse und Unfälle. Zum Glück gaben die beiden trotzdem nicht auf. Denn eines Tages kamen sie an das Ufer des Ortasees. Dieser See liegt im bergigen Norden Italiens inmitten von dichten Wäldern. Der Blick über den See war atemberaubend. Und mit einem Mal kam Julius eine Idee …

Mitten im See lag eine kleine Insel. (Wie im Märchen, nicht wahr?) Bislang hatten die beiden Brüder schon 99 Kirchen gebaut. Und Julius fand, dass diese Insel der perfekte Ort für die hundertste war!

Julius sprach mit den Einheimischen über seine Idee. Doch die Menschen warnten ihn: Auf der Insel lebte ein fürchterlicher Drache, der über unzählige Riesenschlangen herrschte! Die Fischer fürchteten sich vor ihm und wollten Julius und Julian nicht zur Insel übersetzen.

Doch Julius ließ sich nicht abschrecken: Er wollte diese Kirche bauen. Nie im Leben würde er aufgeben!

Er begann zu beten. Er betete und betete und mit einem Mal wurde sein Mantel steif und wasserabweisend wie ein Boot!

Die beiden Brüder sprangen hinein und fuhren über den See. Als sie kurze Zeit später die Insel erreichten, wartete der grässliche Schlangendrache schon auf sie!

Er war gigantisch groß, furchtlos und sehr, sehr wütend: Wie konnten es diese Menschlein nur wagen, seine Insel zu betreten? Doch Julius hatte keine Angst. Tapfer kämpfte er – zum Erstaunen der Einheimischen, die am Ufer standen – gegen den Schlangendrachen. Er besiegte ihn und schlug die Riesenschlangen in die Flucht! Endlich konnte er seine einhundertste Kirche bauen. Seither heißt die Insel im Ortasee *Isola San Giulio* – die Insel des heiligen Julius.

SIEGFRIEDS KAMPF GEGEN FAFNIR

DEUTSCHLAND

Drachen lieben Schätze! Und sie bewachen sie wie ein Wachhund. Der berühmte Drache Fafnir, den du jetzt kennenlernen wirst, nahm seine Aufgabe sehr ernst, denn er hütete einen ganz besonderen Goldschatz! Gleich erfährst du, welchen ...

Fafnir war ursprünglich kein Drache, sondern ein furchtloser Prinz und Sohn des habgierigen Zwergenkönigs Hreidmar. Obwohl er recht klein war, war er doch stärker und begabter als seine Brüder Otr und Reginn. Und deshalb übertrug König Hreidmar Fafnir die Aufgabe, das Zwergenschloss zu hüten, das über und über mit Gold und Edelsteinen bedeckt war.

Eines Tages tötete der nordische Gott Loki aus Versehen den Königssohn Otr (denn tagsüber verwandelte sich Otr in einen Otter, das wusste Loki wohl nicht). Er bat Hreidmar um Vergebung und schenkte ihm einen magischen Ring. Mit einem Mal packte Fafnir die Gier: Er musste den Ring unbedingt besitzen, denn er machte unbesiegbar. Doch der Ring war verflucht, er machte auch blind vor Habsucht! Deshalb wollte Reginn ihn ebenfalls um jeden Preis haben. Und so kam es, wie es kommen musste: Die Brüder bekämpften sich! Fafnir ging als Sieger aus dem Kampf hervor, aber Reginn gelang die Flucht.

Der verfluchte Ring verwandelte Fafnir mit der Zeit in einen grausamen und heimtückischen Drachen, der gierig Reichtümer anhäufte. Darunter war auch ein verzauberter Helm, der die Macht hatte, Feinde in die Flucht zu schlagen.

Seinen ganzen Schatz brachte Fafnir in eine dunkle, geheimnisumwobene Höhle, die versteckt in den Wäldern lag. Hier hütete das grausame Biest ihn und verteidigte ihn mit Zähnen und Klauen. Niemandem gelang es, Fafnir den Garaus zu machen. Er war ja unbesiegbar!

Eines Tages kam Siegfried, ein junger Krieger, in den Wald und forderte Fafnir zum Kampf.

Siegfried hatte ein magisches Schwert, das so stark war, dass es massives Eisen wie Butter durchschnitt! Aber warum wollte Siegfried überhaupt gegen Fafnir kämpfen? Nun, zum einen war der Drache wirklich gefährlich für die Menschen in der Umgebung. Und zum anderen war Siegfried ganz scharf auf den Schatz, besonders auf den Ring!

Siegfried kämpfte furchtlos und – kannst du das glauben? – er erlegte Fafnir tatsächlich! Und nachdem er in Fafnirs Blut gebadet hatte (nicht schön, aber es machte ihn unverwundbar), klaute Siegfried den Ring, der ihn sogar noch stärker machte. Da tauchte Reginn auf, um Siegfried den Ring wegzunehmen. Das hätte er besser nicht versuchen sollen, denn dank des Rings war der junge Krieger ja unbesiegbar. Er tötete Reginn – aber um ehrlich zu sein: Das verfluchte Schmuckstück brachte ihm nie Glück.

DER FÜRCHTERLICHE SCHATZWÄCHTER

SKANDINAVIEN

Dies ist die Geschichte des Schwarzen Wurms, eines fürchterlich habgierigen Drachen. Er war im Besitz eines unheimlich kostbaren Schatzes, den er niemals unbewacht ließ. Doch es gab jemanden, der noch habgieriger war. Wer das war? Das erfährst du jetzt!

Der Schatz des Schwarzen Wurms war unschätzbar wertvoll (und glitzerte zudem sehr hübsch!).

Tag und Nacht saß der Drache auf dem Schatz, seinen langen Schwanz um ihn herumgeschlungen. Doch der Schatz war so riesig, dass nicht einmal der große Drache ihn komplett bedecken konnte!

Alle hatten Angst vor dem Schwarzen Wurm. Deshalb war sich der Drache sicher, dass es niemand wagen würde, ihn zu beklauen. Aber da lag er falsch. Eines Nachts, als der Schwarze Wurm tief und fest schlief, schlich sich ein Mann an ihn heran. Er steckte eine Goldmünze nach der anderen ein. Und weil er nicht genug bekommen konnte, rief er seine Frau, damit auch sie sich die Taschen füllte. Von all dem Lärm wachte der Drache schließlich auf. Er brüllte vor Wut! Die beiden Diebe rannten auf und davon. Und unterwegs verloren sie ihr ganzes Diebesgut!

Der Schwarze Wurm war fuchsteufelswild. So etwas durfte nie mehr passieren! Deshalb beschloss er, seinen ganzen Schatz in einer Felsspalte zu versenken – und sprang selbst hinterher. Er wurde nie wieder gesehen. Und der Schatz wurde niemals gefunden.

Meine Drachenfreunde und ich wüssten wirklich gern, was aus dem Schwarzen Wurm geworden ist. Ich denke, wenn ich meine Ausbildung zum Hüter beendet habe, werde ich ihn suchen …

PRINZESSIN WANDA UND DER WAWEL-DRACHE

POLEN

In der polnischen Stadt Krakau gibt es einen Metalldrachen, der echtes Feuer speit! Ist das ein lebendiger Drache? Nein, eine Skulptur. Aber das Vorbild dafür war der Drache aus der folgenden Geschichte …

In der Regierungszeit des Königs Krak hatten die Bewohner der Stadt Krakau ein großes Problem. Und weißt du, warum? Genau: In einer Höhle unter der Wawel-Burg lebte ein grauenhafter, bösartiger Drache! Seine Lieblingsbeschäftigung war es, das Vieh zu stehlen und die Ernte auf den Feldern zu zerstören. Davon ließ er sich nur abhalten, wenn er jeden Monat ein Mädchen zu fressen bekam (echt unsympathisch, nicht?). Doch schon bald war nur noch ein einziges Mädchen übrig, nämlich die Königstochter: Prinzessin Wanda!

Fieberhaft überlegte König Krak, wie er Prinzessin Wanda vor ihrem grausamen Schicksal bewahren konnte. Und schließlich hatte er eine Idee: Er versprach demjenigen die Prinzessin zur Frau, dem es gelang, das Untier zu besiegen.

Viele Ritter versuchten ihr Glück, doch keiner konnte den Feuer speienden Drachen töten. König Krak war verzweifelt! In der Zwischenzeit hatte der Schusterlehrling Dratewka einen Plan ausgetüftelt: Er baute ein Lamm aus Leder, Holz und Wolle und füllte es mit stinkendem Schwefel. Dieses Lamm stellte er vor den Höhleneingang.

Kurz darauf kam der Drache heraus. Und du weißt ja, dass er alles kaputt machte, was ihm vor die Schnauze lief. Auch das Lamm zerbiss er und verschlang es mit einem Happs, sozusagen als Zwischenmahlzeit. Doch dann begann der Schwefel zu wirken. Der Drache bekam einen trockenen Hals, einen sehr, sehr trockenen Hals. Er lief zum Fluss und trank und trank. Aber er hatte immer noch großen Durst. Schließlich sprang er in die Weichsel (so heißt der Fluss, der durch Krakau fließt), wurde fortgespült und nie wieder gesehen …

Dratewka aber wurde von den Krakauern als Held gefeiert und durfte die Prinzessin Wanda heiraten!

DAS MONSTERKROKODIL VON BRÜNN

TSCHECHIEN

Eine ähnliche Geschichte erzählen mir meine Drachenfreunde aus Tschechien. Allerdings handelt es sich bei diesem „Drachen" eigentlich um ein Monsterkrokodil. Wir mögen die Geschichte trotzdem!

In der Stadt Brünn am Fluss Svratka lebte einst ein entsetzliches Wesen, das auffraß, was nicht niet- und nagelfest war, und alle vergraulte, die ihm zu nahe kamen. Schon bald wagte sich kein Händler mehr in die Stadt und die Lebensmittel wurden knapp. In ihrer Verzweiflung versprachen der König und seine Berater, denjenigen mit Schätzen zu überhäufen, dem es gelang, das Biest zu töten. Das war zwar verlockend, aber man musste wirklich sehr mutig sein, um sich dieser Aufgabe zu stellen! Und so konnte das Monsterkrokodil weiterhin munter herumwüten. Bis eines Tages der Metzgerjunge verkündete, dass er den perfekten Plan habe!

Und den setzte er sofort um: Er füllte einen Sack aus Ochsenhaut mit Kalkpulver, nähte ihn zu und versteckte ihn im Ufergras.

Als das Monsterkrokodil die Ochsenhaut witterte, näherte es sich dem Sack und verspeiste ihn, ohne mit der Wimper zu zucken.

Bald darauf bekam das Biest großen Durst und begann gierig zu trinken. Das Wasser vermischte sich in seinem Bauch mit dem Kalkpulver und wurde zu einem Brei, der sich ausdehnte und dem Biest entsetzliche Bauchschmerzen verursachte.

Es war wirklich kaum zu glauben: Der Bauch des Monsters wurde dicker und dicker. Bis es … PENG! Tja, du kannst dir denken, was passiert ist. Die Menschen der Stadt Brünn waren jedenfalls endlich ihre Sorgen los!

DER SIEBENKÖPFIGE SÁRKÁNY

UNGARN

Nun erfährst du etwas über einen ganz besonderen Drachen: den ungarischen Sárkány! Die Drachen dieser Art sind wirklich einzigartige und geheimnisvolle Wesen, um die sich viele Geschichten ranken.

Im Laufe der Jahrhunderte wurden immer neue Wunderdinge über den Sárkány erzählt, wie du dir denken kannst. „Sárkány" ist das ungarische Wort für „Drache" und wird „Scharkahn" ausgesprochen.

Die Sárkányok (das ist die Mehrzahl von „Sárkány") hatten eine bedeutungsvolle Aufgabe: Sie verbanden die Geisterwelt mit der Menschenwelt, natürlich mithilfe von Drachenmagie! Außerdem hatten sie unfassbare Kräfte und konnten sogar Stürme und Orkane heraufbeschwören. Aber das ist noch nicht alles!

Hast du im Ohr, wie der Donner während eines Gewitters klingt? Früher erzählte man sich, dass das donnernde Grollen das Brüllen dieser Drachen sei, die oben am Himmel gegeneinander kämpften (sie waren etwas streitlustig). Wenn sie dabei mit den Schwänzen gegen die Wolken peitschten, lösten sie laut der Legende sintflutartige Regenfälle aus. Und noch ein wichtiges Detail: Oft wird ein Sárkány mit sieben Köpfen dargestellt!

SVAROG UND DER DRACHE ZMEY

RUSSLAND

Manche Drachen sind ganz schön unordentlich und chaotisch (sogar schlimmer als ich!). Der Drache, den du jetzt kennenlernst, hätte um ein Haar das ganze Universum ins Chaos gestürzt!

Zmey war ein überaus starker und furchterregender Drache. Er hatte viele Köpfe und nutzte jeden einzelnen, um Menschen anzugreifen. Das mag für einen Drachen zunächst nicht besonders überraschend sein. Doch Zmey tat noch etwas anderes, das schlimme Folgen hatte: Er brachte das ganze Universum durcheinander! Er machte alles kaputt und vermengte es miteinander, etwa den Himmel und die Erde. Und dann vermischte er sogar die Welt der Lebenden mit dem Totenreich!

Irgendwann wurde es Svarog, dem Schöpfer der Sonne, zu bunt. Er liebte Licht und Ordnung. Und er sah, dass Zmeys Übermut nur Leid und Elend verursachte. Also forderte er ihn zum Kampf heraus und besiegte den Drachen. Anschließend bat er Zmey um Hilfe: Gemeinsam räumten sie das Durcheinander auf. Sorgsam trennten sie die Welt des Lichts von der Welt des Schattens und gaben dem ganzen Universum eine neue Ordnung. Seither herrschte Svarog wieder über die Welt der Lebenden – und Zmey über das Reich der Toten!

INDRAS KAMPF GEGEN DEN DRACHEN VRITRA

INDIEN

Einige der spannendsten Drachengeschichten kommen aus dem wunderbaren Land Indien. Meine liebste Geschichte handelt von Vritra. Manche sagen, Vritra sei eine Schlange, aber ich bin davon überzeugt, dass er ein Drache ist, und zwar ein wirklich boshafter!

Als die Welt noch nicht existierte, hielt Vritra den Himmel und die Erde in seinen Klauen gefangen. Damals gab es noch keine Sonne und kein Licht. Alles war von undurchdringlicher Dunkelheit umhüllt. Und sogar das Regen- und Flusswasser hielt Vritra zurück. So selbstsüchtig und überheblich war dieser Drache! Nicht ein Tropfen Wasser und nicht ein einziger Sonnenstrahl konnten auf die Erde fallen.

Deshalb beschloss Indra, der Herrscher des Windes, den Drachen mit Blitz und Donner bewaffnet herauszufordern. Indra hatte sich kaum genähert, da stürzte sich Vritra auf ihn. Doch Indra warf geschickt einen Blitz – und traf Vritra tödlich.

Endlich begann es zu regnen, die Flüsse füllten sich und es entstand eine wunderbare, fruchtbare Welt voller Licht und Sonnenschein. Und so, erzählt man sich in Indien, entstand unsere Welt!

DIE VIER HIMMELSDRACHEN

CHINA

In der nächsten Geschichte geht es nicht nur um einen Drachen, sondern um vier! Alle vier Himmelsdrachen waren freundlich und lustig und jeder von ihnen hatte ein gutes Herz. Wenn du mehr über sie erfahren möchtest, bleib dran!

Vor langer, langer Zeit gab es in China keine Flüsse und Seen. Es gab nur das große Östliche Meer und dort lebten vier wunderbare Drachen: der Lange Drache, der Gelbe Drache, der Schwarze Drache und der Perlmutt-Drache. Sie waren die besten Freunde und spielten gern miteinander.

Ja, tatsächlich! Und am allerliebsten spielten sie zwischen den Wolken Verstecken!

Während sie fröhlich umhertollten, bemerkten die Drachen plötzlich etwas Merkwürdiges: Unten auf der Erde kamen die Menschen mit Geschenken beladen aus ihren Häusern, zum Beispiel mit Körben voll reifer Früchte und frisch gebackenen Kuchen. Einige Frauen steckten auch Räucherstäbchen an, die wie Blumen dufteten.

Erstaunt hielten die Himmelsdrachen in ihrem Spiel inne. Sie waren neugierig, was da los war. Doch oben im Himmel konnten sie nichts hören und ohne nachzudenken, schwebten sie zur Erde hinab.

Als sie die vier riesigen Drachen kommen sahen, versteckten sich die Menschen ängstlich. Aber sie merkten schnell, dass die Drachen harmlos waren, und erklärten ihnen, dass die Geschenke für den Jadekaiser bestimmt waren. Dieser Kaiser war nämlich so mächtig, dass er sogar dem Himmel Befehle erteilen konnte! Und genau deswegen wollten sie ihm eine Freude machen. Die Menschen brauchten nämlich dringend Regen, sonst würde alles auf den Feldern vertrocknen. Die freundlichen Drachen hatten Mitleid. Und sie beschlossen, persönlich zum Jadekaiser zu fliegen, um ihn um Hilfe für die Menschen zu bitten.

Der Jadekaiser sagte sofort Hilfe zu. Doch er war ein sehr selbstsüchtiger Mann und dachte nicht daran, sein Versprechen einzuhalten. Dabei mussten die Menschen inzwischen schon Baumrinde und Wurzeln essen, so trocken waren die Felder!

Da hatten die vier Himmelsdrachen eine Idee: Sie spritzten das Wasser aus dem Meer hoch in den Himmel, sodass es als Regen auf die Erde zurückfiel! Endlich konnten die Saaten auf den Feldern aufgehen und wachsen! Doch nun war der Meeresgott wütend, denn die Drachen hatten das Wasser genommen, ohne ihn zu fragen. Und deshalb beschwerte er sich beim Jadekaiser über sie.

Der Jadekaiser ließ die vier Drachen im Inneren von vier großen Bergen einsperren. Aber das hielt sie nicht davon ab, den Menschen weiterhin zu helfen. Willst du wissen, wie? Indem sie sich in vier große Flüsse verwandelten: den Schwarzen Fluss, den Gelben Fluss, den Blauen Fluss und den Perlfluss!

DIE ZAUBERKUGEL DER DRACHIN IMUGI

KOREA

Wie du nun weißt, sind nicht alle Drachen gemein! Hier kommt noch eine Geschichte über eine freundliche Drachenart aus Korea, die einige ganz erstaunliche Kräfte besitzt …

Eine Imugi ist eine Drachin mit außergewöhnlichen Fähigkeiten: Sie kann Wünsche wahr werden lassen. Nicht schlecht, so jemand zur Freundin zu haben, oder? Sie kann auch für gute und reiche Ernten sorgen und gilt deswegen als Glücksbringerin!

Eine Imugi kommt nicht als Drachin zur Welt, sondern als Mädchen (ja, tatsächlich!). Die Mädchen tragen ein drachenförmiges Mal auf der Schulter – als Zeichen dafür, dass sie auserwählt sind! Denn an ihrem siebzehnten Geburtstag verwandeln sich diese Mädchen in eine freundliche, weise Drachendame. Das passiert allerdings nur alle 500 Jahre einmal …

Die Imugi hat keine Hörner, Flügel oder Barthaare. Allerdings kann sie sich jederzeit welche wachsen lassen, wenn sie das möchte. Dafür muss sie nur eine Zauberkugel namens Yeouiju, die wie ein Stern vom Himmel fällt, fangen. Damit kann sie alle Wünsche erfüllen – auch ihre eigenen!

WIE KIYOHIME ZUR DRACHIN WURDE

JAPAN

Einige Drachengeschichten sind tatsächlich Liebesgeschichten. Die folgende erzählt allerdings von einer sehr unglücklichen Liebe – dafür aber von einem umso wilderen Drachen!

Vor vielen Hundert Jahren verliebte sich Anchin, ein junger Mönch aus Japan, in eine wunderschöne Frau namens Kiyohime. Doch schon bald flaute seine Liebe ab und er verließ sie wieder. Kiyohime hingegen war immer noch bis über beide Ohren in Anchin verliebt und folgte ihm, um ihn zurückzuholen.

Als Anchin Kiyohime am Ufer eines Flusses erblickte, sprang er in ein Boot und befahl dem Fährmann, die junge Frau unter allen Umständen abzuhängen!

Da wurde Kiyohime richtig sauer auf Anchin. Wütend sprang sie in die reißende Strömung des Flusses und schwamm dem Boot hinterher. Diesen Mönch wollte sie sich so richtig vorknöpfen! Doch noch während sie schwamm, verwandelte sie sich vor lauter Wut in einen gigantischen Drachen.

Als er das sah, bekam Anchin Riesenangst (kein Wunder!). Und als er das andere Ufer erreichte, flüchtete er sich, so schnell ihn seine Füße trugen, ins Kloster. Seine Freunde, die anderen Mönche, wollten ihm helfen und versteckten ihn unter der großen, schweren Tempelglocke. Kurz darauf kam die Drachin am Kloster an und blickte sich suchend um. Die Glocke war still und stumm. Dennoch wusste Kiyohime, dass sich Anchin darunter versteckt hielt. Frag mich nicht, wie sie das rausgefunden hatte!

Kiyohime schlang ihren langen Körper um die Glocke und hielt so den Mann gefangen, der ihr das Herz gebrochen hatte. Das war ihre Rache an Anchin. Doch ihre menschliche Gestalt bekam sie nie wieder. Sie blieb für den Rest ihres Lebens eine Drachin …

DER KAMPF DER RIESENDRACHEN

PERU

Meine letzte Drachengeschichte kommt aus Südamerika. Mach dich darauf gefasst, dass es noch einmal richtig rundgeht! Sie handelt nämlich von zwei Drachen, die überhaupt nicht miteinander auskamen …

Vor vielen Jahren lag an der Stelle, an der man heute in Peru das Mantaro-Tal sehen kann, ein tiefer See. Aus dem See ragte ein riesiger Felsen. Der ideale Platz für Amaru, einen gigantischen Drachen, um hier im Sonnenschein ein Nickerchen zu halten. Amaru liebte diesen Ort, das kannst du dir bestimmt vorstellen!

Als Amaru so dalag, bekam Tulum Mayan, der Regenbogen-Gott, mit einem Mal den Eindruck, Amaru fühle sich einsam. Und deshalb schuf er einen zweiten Drachen, der Amaru Gesellschaft leisten sollte. Welch ein Fehler! Denn kaum sahen sich die beiden, gingen sie aufeinander los. Hiebe auf den ersten Blick, möchte man sagen!

Irgendwann hatte es der Gott Tikse satt, die beiden Drachen so verbissen kämpfen zu sehen, und er schickte sie tief auf den Boden des Sees. Keiner der beiden tauchte jemals wieder auf. Stattdessen wurden ihre gigantischen Körper zu Stein und verdrängten das Wasser.

So entstand die zauberhafte Landschaft des Mantaro-Tals, die wir bis heute bewundern können.

Mein Buch der Drachen endet hier. Hast du es gern gelesen? Dann findest du bestimmt auch spannend, was meine Freundinnen Erin und Nora herausgefunden haben. Sie wissen nämlich alles über die magischen Wesen des Waldes ...

DAS BUCH DER MAGISCHEN WALDWESEN

EINLEITUNG

HALLO, DU!

Willkommen in unserem magischen Notizbuch! Aber Moment mal. Wir haben uns ja noch gar nicht vorgestellt, verzeih! Das passiert uns ständig, wenn wir aufgeregt sind. Und gerade sind wir wirklich, wirklich aufgeregt!

Also, ich bin Erin und das ist meine Cousine Nora. Wir lieben magische Wesen – ganz besonders jene, die in unseren Wäldern leben! Alles begann mit diesem Buch. Eines Tages haben wir es auf dem Dachboden gefunden. Es gehörte unserer Großmutter. Als sie noch jung war, ging sie jeden Nachmittag in den Wald, um Feen, Gnome, Trolle, Nymphen und andere magische Waldgeschöpfe zu entdecken. Und sie hat sie wirklich getroffen!

Und nicht nur das. Alles, was sie über diese fabelhaften Wesen herausgefunden hat, hat sie hier beschrieben und gezeichnet. Ihr Notizbuch ist wirklich wundervoll!

Allerdings gab es noch einige leeren Seiten im Buch. Und da hatten Nora und ich eine Idee! Wir wollten da weitermachen, wo Großmutter aufgehört hatte. Und so begannen wir, noch mehr Geschichten über Waldwesen zu sammeln und sie aufzuschreiben.

Genau wie Großmutter laufen auch Nora und ich jeden Tag durch den Wald. Und immer, wenn wir einem magischen Geschöpf begegnen, fragen wir es nach einer Geschichte. Ob du's glaubst oder nicht: Viele haben uns tatsächlich eine Geschichte erzählt! Und die möchten wir jetzt mit dir teilen.

Also, freu dich auf wunderbare, lustige, spannende und manchmal auch eklige (tja, nicht alle Zauberwesen duften nach Rosen und Veilchen), vor allem aber absolut überraschende Wesen und ihre Geschichten!

Und bestimmt wirst du von nun an immer, wenn du im Wald bist, neugierig Ausschau halten, wer sich da alles versteckt hält!

FEEN

Feenstaub, glitzernde Zauberstäbe, kunterbunte Flügel: Feen sind ganz besondere Geschöpfe. Sie verbreiten überall Erfolg, Reichtum, Zauber und Harmonie. Und es gibt so viele, dass es nicht einmal Großmutter gelungen ist, sie alle zu treffen!

Manche leben in klitzekleinen Häusern aus Rinde, versteckt zwischen Moos, Blättern und Blumen. Andere siedeln am Flussufer und wieder andere in Baumhöhlen. Kurz gesagt: Diese winzigen Geschöpfe leben einfach überall. Also Augen auf beim Waldspaziergang! Und denk daran, eine Lupe mitzunehmen. So unglaublich es klingt: Feen sind kleiner als eine Tulpenblüte!

Aber lass dich von ihrer Körpergröße und ihrem zarten Äußeren nicht täuschen. Feen sind bekannt dafür, dass sie sehr launisch sind. Wehe, man begegnet ihnen nicht mit gebührendem Respekt!

Sag niemals „Danke" zu einer Fee. Keine Ahnung, warum, aber das macht sie wirklich wütend. Möglicherweise klingt es ihnen nicht „hübsch" genug.

Obwohl sie ja eigentlich kleine Häuser haben, schlafen Feen im Herbst gern auf Pilzen. Vielleicht, weil ihre Oberfläche so schön weich und gemütlich ist!

Manche Feen haben einen Zauberstab. Andere zaubern mit Feenstaub. Sie sind über und über damit bedeckt. Deswegen glitzern sie so toll!

Jedes Mal, wenn jemand behauptet, es gäbe keine Feen, wird eine kleine Fee sehr traurig. Denn Feen gibt es wirklich – keine Frage! Und sie arbeiten unermüdlich, damit die Natur saftig und grün bleibt.

DAS WUNDERBARE FEENSCHLOSS

FRANKREICH

Diese Geschichte handelt von einigen wirklich hart arbeitenden Feen. Sie wurde uns von einer Fee aus Frankreich erzählt und wir müssen zugeben: Uns war gar nicht klar, dass diese winzigen Geschöpfe so stark sind, dass sie sogar Felsen versetzen können.

Eines Tages beschlossen die Feen, einen wunderbaren Palast aus moosbedeckten Steinen und Felsen zu errichten: das Feenschloss! Wie sie das schafften? Nun, einige von ihnen kümmerten sich um das Fundament. Obwohl sie magische Kräfte besaßen, brauchten sie dafür mehrere Tage! In der Zwischenzeit flogen alle anderen Feen los, um im Wald nach Felsen zu suchen. Wirklich keine einzige blieb faul zurück – sie waren alle beschäftigt. Und schon bald hatten sie genügend Steine gesammelt.

Das Schloss wurde fertiggestellt. Aber immer noch waren viele Feen unterwegs!

Da flog eine Fee los, um ihren Freundinnen und Freunden Bescheid zu sagen. Die Ärmsten schleppten sich halb kaputt an den riesigen Steinen und Felsen! Als sie nun erfuhren, dass ihre Ladung gar nicht gebraucht wurde, ließen sie sie erleichtert stehen und liegen, wo immer sie gerade waren. Diese „Findlinge“ genannten Steine kannst du bis heute entdecken: Es sind genau die, aus denen das Feenschloss gebaut wurde.

LEPRECHAUNS

Hast du schon mal von Leprechauns gehört? Diese kleinen Wesen aus Irland sind ganz besondere Kobolde. Ihr Name wird „Leprikohn" oder auch „Leprkohn" ausgesprochen. Was diese irischen Kobolde von anderen Haus- und Naturgeistern unterscheidet?

Nun, zunächst einmal ranken sich Unmengen von Geschichten um sie. Die bekannteste ist wohl, dass Leprechauns gern am Ende eines Regenbogens einen Topf voll Gold verstecken, den natürlich jeder finden will. Die meisten Leprechauns sind wirklich lustig. Sie sind ständig unterwegs, um Schabernack auszuhecken (oft sogar richtig derbe Scherze). Niemand weiß, wie ihre Behausungen aussehen, aber eins ist gewiss: Sie sind vollgestopft mit Töpfen und Pfannen und unermesslichen Schätzen!

Leprechauns haben eine ganz wichtige Aufgabe: Sie sind die begabten Schuster der Feen. Liebend gern reparieren sie alle Arten von Schuhen, von Stiefeln bis zu Sandalen.

Unglaublich, aber wahr: Manche Leprechauns tragen ungern Grün. Sie ziehen stattdessen lieber rote Sachen an – was allerdings ihrem roten Haar und Bart nicht besonders schmeichelt.

Ihre enormen Schätze bewahren Leprechauns in großen schwarzen Töpfen auf. Am liebsten sammeln sie auf Hochglanz polierte Goldmünzen.

DIE ZWEI UNGLEICHEN BRÜDER

IRLAND

Diese Geschichte kommt aus Irland, der Heimat der Leprechauns, wie du nun weißt. Wir fanden die Geschichte ganz erstaunlich, denn sie erzählt nicht nur davon, wie gemein diese kleinen rotbärtigen Wesen sein können. Sie zeigt auch – und das wissen nur wenige Menschen –, wie großzügig sie sind!

Eines Tages liefen zwei Brüder durch einen großen Wald. Er war so groß, dass sie sich verirrten! Lange Zeit suchten sie nach dem richtigen Weg. Schließlich brach die Dämmerung herein und sie legten sich erschöpft unter einen Hagedornbusch. Sie ahnten nicht, dass in diesem Hagedorn lauter Feen und Kobolde lebten (und ehrlich gesagt wussten wir das bislang auch nicht!). Gerade nickten die Brüder ein, da hörten sie eine geheimnisvolle Melodie. Erschrocken sprangen sie auf und staunten: Mit einem Mal füllte sich die ganze Lichtung mit kleinen Leprechauns, die im Mondlicht tanzten!

Ein Leprechaun kam auf sie zu und lud die Brüder ein, mitzufeiern. Außerdem schenkte er jedem zwei Stückchen Kohle.

„Behaltet die bis zum Morgengrauen in euren Hosentaschen“, sagte er.

Die Brüder wollten ihn nicht verärgern – denn wer weiß, welche bösartigen Streiche ihnen der kleine Kerl sonst spielen würde. Also steckten sie die Kohlestückchen ein, feierten die ganze Nacht lang und amüsierten sich prächtig!

Am nächsten Morgen fielen ihnen die Kohlestückchen wieder ein. Schnell griffen sie in ihre Taschen und … Überraschung! Statt der Kohle fanden die beiden blitzblanke Goldmünzen!

Das fand der ältere Bruder so toll, dass er den Leprechaun um weitere Kohlestückchen bitten wollte. Der jüngere aber war zufrieden mit dem, was er hatte, und beschloss, sich endlich auf den Heimweg zu machen. (Den Weg fand er nun ohne Weiteres – vielleicht auch Koboldmagie?)

Als der Leprechaun wieder auftauchte, gab er dem älteren Bruder gern noch ein Stück Kohle. Der Bruder freute sich. Doch als er am nächsten Tag in seiner Tasche nach dem erhofften Gold suchte, fand er nur … Kohle. Hektisch suchte er überall – aber sogar die Goldmünzen, die er am Morgen zuvor entdeckt hatte, waren verschwunden. Traurig ging nun auch der große Bruder nach Hause.

„Du warst zu gierig", schimpfte der kleine Bruder, als der ältere zu Hause ankam. „Dafür hat dich der Kobold bestraft!"

Dann griff er in die Hosentasche und gab dem großen Bruder die Hälfte seiner eigenen Goldmünzen. Von diesem Tag an war der ältere Bruder stets zufrieden mit dem, was er besaß.

GILLE DUBH

Hast du schon einmal von Gille Dubh gehört? Vermutlich nicht. Doch wir kennen dieses Waldwesen sehr gut, denn unsere Großmutter ist ihm auf ihrer Reise durch Schottland begegnet! Sie hat ihn beobachtet und genau notiert, wie er sich kleidet und verhält. Na, klingt das nicht spannend?

Gille Dubh wird in etwa „Gillidu" ausgesprochen. Das ist Gälisch, die Sprache, die im schottischen Hochland gesprochen wird. Der Begriff kann mit „dunkler Junge" oder auch „dunkelhaariger Kerl" übersetzt werden. Gille Dubh ist ein Elf, der allein in den Zweigen einer Birke wohnt. Er beschützt den Wald, in dem er lebt, wie eine gute Fee. Nur wenige Menschen haben Gille Dubh jemals gesehen, denn er ist sehr scheu und auch ein bisschen wild und einsam – und dabei so großzügig! Besonders Kinder mag er gern und hilft ihnen, wenn sie sich im Wald verirren.

Gille Dubh hat blasse Haut, schwarzes Haar und seine Arme sind so lang und so dünn wie Birkenzweige. Er ist etwa zwanzig Zentimeter groß.

Gille Dubh trägt Kleidung aus Blättern, Moos und Rinde – die perfekte Tarnung, um sich im Wald vor Menschen zu verstecken!

Vermutlich ist Gille Dubh ein nachtaktives Wesen. Tagsüber schläft er und geht erst nachts auf Wanderschaft, wenn ihn – außer ein paar Eulen – niemand stört.

JESSIE MACRAE UND GILLE DUBH

SCHOTTLAND

Die folgende Geschichte hat uns sehr beeindruckt. Denn so scheu Gille Dubh ist: Wenn jemand in Not gerät, kommt er sofort und hilft. Und er ist dabei wirklich freundlich!

Eines Tages verirrte sich ein Mädchen namens Jessie MacRae im Wald. Jessie war müde und hungrig und ihre Füße schmerzten so sehr, dass sie kaum auftreten konnte. Verzweifelt brach sie in Tränen aus.

Plötzlich hörte sie eine Stimme, die aus den Ästen einer Birke kam: „Warum weinst du?"

Jessie wandte den Kopf und erblickte einen winzig kleinen Mann. Sein Haar war schwarz wie Rabenfedern, seine haselnussbraunen Augen waren freundlich und er lächelte übers ganze Gesicht.

„Warum weinst du?", wiederholte Gille Dubh.

„Ich habe mich verlaufen", schluchzte Jessie.

„Keine Sorge", sagte Gille Dubh sanft. „Ich zeige dir den Weg. Wo wohnst du?"

Jessie sagte es ihm und schon sprang er voraus, von Ast zu Ast, und führte sie nach Hause.

Wie froh war Jessie, als sie den Waldrand erreichten und sie ihr Haus erblickte! Dankbar drehte sie sich zu dem Männlein um – doch Gille Dubh war schon verschwunden.

Welch ein merkwürdiges Waldwesen!

OGER

Wer hat Angst vor Ogern? Alle, sagst du jetzt bestimmt! Aber vielleicht sollten wir sie einfach mal besser kennenlernen, statt ihnen mit Vorurteilen zu begegnen. Denn diese riesigen Wesen, die beim Spazierengehen die Erde zum Beben bringen, sind tief im Herzen wirklich nette Kerle.

Die meisten Oger hausen in großen, übel riechenden Höhlen im Wald. Nur wenige bauen sich Hütten an versteckten Orten. Oger leben wirklich sehr zurückgezogen und meiden die Gesellschaft anderer.

Sie lieben Schlammbäder und haben ständig Hunger. Ihr Lieblingsessen ist eine merkwürdige Suppe, die sie nach einem Geheimrezept kochen. (Vermutlich ist es auch besser, wenn die Zutaten geheim bleiben!)

So, jetzt weißt du schon einiges über diese sanften Riesen – und hast bestimmt keine Angst mehr vor ihnen, oder? Super! Aus Großmutters Notizen erfährst du sogar noch mehr.

Oger haben rosa oder dunkelgrüne Haut. Ihre starken Arme sind superlang. Deswegen wirken sie auch etwas plump und ungeschickt.

Oger waschen sich nie mit Wasser, nur mit Schlamm. Dass sich einer nähert, merkst du nicht nur am Beben der Erde, sondern auch an ihrer besonderen Duftnote aus Moos und total vergammelten Pilzen.

Oger haben Riesenzähne, so richtige Hauer. Und weil sie die niemals putzen, haben sie auch oft Löcher darin!

MOMOTARŌ UND DIE WILDEN OGER

JAPAN

Diese Geschichte kommt von weit her, aus Japan! Die Oger, die du hier kennenlernst, sind ein bisschen gemein, aber sie werden eines Besseren belehrt. Ob sie danach freundlicher sind? Das findest du gleich heraus!

Es waren einmal eine alte Frau und ein alter Mann, die lebten ganz allein, denn sie hatten keine Kinder. Wir nennen sie „Großmütterchen“ und „Großväterchen“. Eines Tages ging Großväterchen los, um das Gras zu schneiden, das hochgewachsen war.

Großmütterchen lief derweil an den Fluss, um Wäsche zu waschen. Als sie ans Ufer kam, sah sie einen riesigen Pfirsich, der im Wasser dahintrieb. So ein herrlicher Leckerbissen! Sofort watete Großmütterchen ins Wasser und fischte den Pfirsich heraus, um ihn mit Großväterchen zu teilen.

Und Großväterchen freute sich wirklich sehr, als er vom Mähen nach Hause kam und den prächtigen Pfirsich auf dem klapprigen Küchentisch liegen sah. Frohgemut schnitt er ihn auf.

Wie erschraken die beiden, als die Hälften auseinanderfielen! Denn statt eines Kerns saß in dem Pfirsich ein kleiner Junge, der sofort zu weinen anfing. Er hatte nämlich großen Hunger. Großmütterchen und Großväterchen beschlossen, den Jungen wie einen eigenen Sohn aufzunehmen. Und da er in einem riesigen Pfirsich zu ihnen gekommen war, nannten sie ihn Momotarō – das heißt „Pfirsichjunge".

Die Jahre vergingen und Momotarō wuchs zu einem großen, starken und sehr freigiebigen jungen Mann heran.

In den Wäldern der Insel lebten wilde Oger, die immer wieder die Bauern der Umgebung überfielen und ausraubten. Eines Tages beschloss Momotarō auszuziehen, um den Riesen eine Lektion zu erteilen. Großmütterchen und Großväterchen hatten Angst um ihren Sohn, aber Momotarō ließ sich nicht aufhalten! Also backte Großmütterchen köstliche Hirsebällchen, die *kibidango* heißen und Momotarō übermenschliche Kräfte verleihen sollten.

Unterwegs traf Momotarō drei Freunde: einen roten Hund, einen gelben Affen und einen blauen Pfau. Momotarō teilte seine *kibidango* mit ihnen und dafür versprachen sie, ihm bei seinem Abenteuer zu helfen. Das war gut, denn die Oger waren fürchterlich groß und stark! Gemeinsam kämpften die Freunde gegen die Riesen. Der Pfau pickte ihnen in die Füße, der Affe kratzte sie und der Hund biss zu. Der Kampf dauerte Stunden!

Doch schließlich gaben die Oger auf – zum Glück! Sie versprachen, nie mehr auf Raubzüge zu gehen. Und sie gaben sogar ihre ganze Beute zurück! Von diesem Tag an lebten alle friedlich zusammen auf der Insel – dank Momotarō und seinen Freunden.

TROLLE

Nachdem du die Oger kennengelernt hast, möchten wir dir nun ein paar andere riesenhafte Wesen vorstellen: Trolle. Sie können ziemlich anstrengend sein, wenn wir ehrlich sind. Doch obwohl sie ganz schön viel Krach machen (hast du mal einem Troll beim Essen zugehört?), lieben diese wundersamen Wesen die friedliche Ruhe der Natur. Deshalb kümmern sie sich liebevoll um alle Blumen, Pilze und Wurzeln. Ja, wirklich, trotz ihrer großen Pranken sind sie unglaublich zärtlich! Uns Menschen können sie nicht so gut leiden, weil wir oft viel Lärm machen und die Trolle bei ihrem Mittagsschläfchen stören. Dann werden sie richtig grantig! Wenn du ihnen aber freundlich und respektvoll begegnest, lassen sie sich auch wieder besänftigen. Daran solltest du dich erinnern, falls du mal einen Troll triffst. Vielleicht werdet ihr ja sogar Freunde!

Trolle sehen oft lustig aus. Sie haben gewaltige Hauer in den komischsten Formen, lange, kräftige Arme, winzige (müffelnde!) Füße und kleine, spitze Ohren.

Viele Trolle tragen ihre Haare gern lang und ihren Bart noch länger. Und sie kämmen sie niemals! Dafür schmücken sie sie gern mit Moos, Grashalmen und Waldpilzen. Hübsch, nicht wahr?

Manche Trolle haben einzigartige Hörner,
die fast wie Zweige aussehen. Unglücklicherweise
sind sie nicht besonders praktisch, denn sie
verfangen sich ständig in den Bäumen.

WIE ASKELADDEN EINEN TROLL ÜBERLISTETE

NORWEGEN

Diese Geschichte handelt von einem mutigen Jungen, dem es mit einem klugen Plan gelang, einen Troll zu überlisten. Klingt spannend? Finden wir auch!

Es war einmal ein Bauer, der hatte drei Söhne – der jüngste von ihnen hieß Askeladden. Der Vater war so arm, dass er sich nicht mehr zu helfen wusste, und so schickte er die beiden älteren Söhne zum Holzsammeln in den Wald. Das Holz wollte er verkaufen, um seine Schulden bezahlen zu können. Doch beide kehrten zurück, ohne nur ein Zweiglein gesammelt zu haben! Kannst du dir das vorstellen? Im Wald hauste nämlich ein Troll, der ihnen gedroht hatte, sie zu verhauen, wenn sie „seine“ Bäume nur berührten. (Er war ein unangenehmer Zeitgenosse!)

„Lass es mich versuchen, Vater!“, bat Askeladden. Und obwohl der Vater Angst um seinen Jungen hatte, packte Askeladden ein Stück Käse in seinen Rucksack und lief in den Wald.

Kaum hatte Askeladden den Wald betreten, da stürmte schon der wilde Troll auf ihn zu. Aber Askeladden sagte ruhig: „Ich warne dich, Troll! Ich bin so stark, dass ich Steine zerquetschen kann!“

Schon holte er den Käse aus dem Rucksack und zerdrückte ihn, dass das Fett herausfloss. Zum Glück sah der Troll nicht besonders gut – und fiel auf den Trick herein. Er bekam so große Angst vor dem Jungen, dass er ihm sogar anbot, das Holz für ihn zu hacken! Am Abend lud der Troll Askeladden zu sich nach Hause ein. Der Junge staunte: Die Hütte war vollgestopft mit Schätzen aus Gold und Silber! Der Troll kochte einen Haferbrei und Askeladden schlug vor, dass sie ein Wettessen veranstalten könnten.

Der Troll war sich sicher, gegen den kleinen Jungen zu gewinnen. Aber Askeladden hatte sich schon wieder einen Trick ausgedacht! Er versteckte den Rucksack unter seinem Hemd. Und statt zu essen, füllte er den Brei dort hinein. Als der Rucksack prall gefüllt war, bohrte er ein Loch in den Boden, sodass immer mehr Brei hineinpasste. Der Troll aß und aß, bis ihm der Brei zu den Ohren herauskam. Schließlich fiel er um und schlief ein. Da kippte Askeladden den Brei aus dem Rucksack und füllte ihn mit Gold und Silber. Dann lief er schnurstracks zurück nach Hause – und alle Not hatte für immer ein Ende.

WASSERNYMPHEN

In jedem anständigen Zauberwald gibt es einen See, in dem Wassernymphen leben. Und deswegen möchten wir dir nun etwas über diese erstaunlichen Waldwesen erzählen. Wassernymphen sind zarte, geheimnisvolle Geschöpfe. Sie ähneln Feen, sind aber etwas größer, und sie wohnen im Schilfgras am Ufer. Federleicht hüpfen sie auf Zehenspitzen von einem Seerosenblatt zum nächsten, ohne jemals einzusinken. Ist das nicht cool? Sie sind scheu und elegant und wenn du mucksmäuschenstill am Seeufer verharrst, hörst du sie möglicherweise leise kichern. Großmutter war mit einigen Wassernymphen befreundet und völlig verzaubert von ihrer Schönheit.

Wassernymphen sind unsterblich und altern nicht. Selbst wenn sie tausend Jahre alt sind, sehen sie immer noch jung und anmutig aus.

Sie haben langes, glänzendes Haar, das immer perfekt sitzt. Niemand weiß, wie ihnen das gelingt, denn soweit wir wissen, besitzen Nymphen nicht einmal eine Bürste. Sie lieben es, ihre Haare mit wunderschönen Blumenkränzen zu schmücken.

Dank ihrer Zauberkräfte können Wassernymphen sogar unter Wasser atmen. Deswegen können sie sich jederzeit verstecken, wenn jemand kommt, der sie nicht finden soll!

Die Kleider der Nymphen sind aus einem ganz luftigen Stoff gewebt. Er flattert bei jeder Bewegung und in der zartesten Brise und ist meist weiß oder in Pastellfarben gehalten: Himmelblau, Lindgrün, Hellgelb und Rosa.

DIE NYMPHE VOM REGENBOGENSEE

ITALIEN

Da Wassernymphen so wunderschön sind, passiert es ihnen immer wieder, dass sich jemand Hals über Kopf in sie verliebt. So erging es auch der Wassernymphe in der folgenden Geschichte. Aber Augen auf bei der Partnerwahl! Nicht alle Liebhaber meinen es gut ...

Vor vielen Jahren lebte im Karersee in den Bergen Südtirols eine Wassernymphe, die war wunderschön und hatte eine liebliche Stimme. Wenn sie sang, blieben alle, die sie hörten, wie verzaubert stehen – auch der Hexenmeister aus der Stadt Masaré. Als er eines Tages am Ufer vorbeikam und die Wassernymphe singen hörte, verliebte er sich augenblicklich in sie. In seinem bösen Herzen reifte der Plan, sie zu entführen. Die schöne Nymphe sollte nur ihm gehören! Und so versuchte er, sie mit teuren Geschenken, Liebesbriefen und Zauberkunst anzulocken. Aber sie hatte ihn durchschaut und kam nie ans Ufer.

Da beschloss der Hexenmeister, Hilfe bei der Hexe von Langwerda zu suchen. Sie gab ihm einen ungewöhnlichen Rat, damit die Entführung gelingen würde: Der Zauberer sollte sich als Juwelenhändler verkleiden, einen Regenbogen aus Edelsteinen zaubern und damit die Nymphe aus dem See locken.

Gesagt, getan! Der Hexenmeister befolgte die Anweisungen der Hexe. Allerdings vergaß er vor lauter Aufregung, sich zu verkleiden! Als die Wassernymphe den zauberhaften Regenbogen sah, war sie tief beeindruckt. Der Hexenmeister hatte wirklich all seine Liebe und Magie eingesetzt und die Edelsteine des Regenbogens funkelten in den schönsten Farben! Doch da bemerkte die Wassernymphe den Hexenmeister am Ufer. Sofort tauchte sie in die Tiefe des Sees und wurde nie wieder gesehen!

Vor lauter Wut (oder war es tatsächlich enttäuschte Liebe?) riss der Hexenmeister den Regenbogen vom Himmel, zerstörte ihn und warf die Edelsteine, einen nach dem anderen, in den See. Seither schimmert der Karersee in Violett und Blau, Grün und Rot, Orange und Goldgelb und die Leute nennen ihn auch den „Regenbogensee“.

HEXEN

Mach dich nun darauf gefasst, dass es ein bisschen gruselig werden könnte. Denn zweifellos zählen Hexen zu den angsteinflößendsten aller Waldwesen. Deshalb möchte eigentlich niemand freiwillig einer Hexe begegnen – außer unsere Großmutter! (Sie war echt taff!) Und weißt du, was? Es ist ihr gelungen!

Deswegen wissen wir auch, dass Hexen zwar grässlich aussehen und ihr Lachen schlimmer klingt als das Knarzen einer schlecht geölten Tür. Aber – halt dich fest! – sie können auch echt freundlich sein. Doch das darf niemand erfahren, verrate es also keinesfalls! Und wenn du wissen möchtest, ob es wirklich stimmt, dann mach dich einfach auf die Suche nach einer Hexe. Wir sind schon seit einer Weile dabei. Möchtest du mitkommen? Los geht's!

Hexen brauen Zaubertränke aus den widerlichsten Zutaten, die im Wald nur zu finden sind: Krötenschleim, Eulengewölle, Bärenpopel ... Du siehst, was wir meinen. Keine Ahnung, ob diese Tränke wirklich wirken.

Hexen sind griesgrämig und bösartig, besonders wenn sie mit dem linken Fuß aufgestanden sind oder sie jemand beim Zaubern stört.

Manche Hexen haben Haustiere, sogenannte „Schutzgeister“. Sie bevorzugen schwarze Katzen, Raben oder Eulen – und denken oft tagelang darüber nach, wie sie ihren Liebling nennen könnten.

Nicht alle Hexen haben eine große Warze auf der Nase. Aber sie alle haben superlange Fingernägel. Gar nicht so praktisch, wenn man sich als Hexe mal am Kopf kratzen oder Wurzeln für Zaubertränke ausgraben muss!

BABA YAGA UND DIE SCHÖNE WASSILISSA

RUSSLAND

Es gibt viele Geschichten über die russische Hexe Baba Yaga. Hier erzählen wir dir unsere Lieblingsgeschichte. Darin wirkt Baba Yaga auf den ersten Blick zwar böse, aber dann entscheidet sie sich doch dazu, zu helfen. Wem? Und wie? Das erfährst du jetzt!

Seit ihre Mutter gestorben war, lebte Wassilissa mit ihrem Vater, ihrer Stiefmutter und ihren beiden Stiefschwestern in einem Häuschen im Wald. Die drei Frauen waren sehr neidisch auf Wassilissas Schönheit und ließen sie Tag und Nacht im Haushalt arbeiten. Eines Tages erlosch das Feuer im Herd und die Stiefmutter befahl Wassilissa, die böse Hexe Baba Yaga um neue Glut zu bitten. Also nahm Wassilissa ihre Zauberpuppe, die ihre Mutter ihr vor ihrem Tod geschenkt hatte, und ging los.

Nachdem sie lange gelaufen war, fand sie ein Häuschen, das auf zwei Hühnerbeinen durch den Wald stakste. Das war das Haus der Baba Yaga. (Hexen haben einen komischen Geschmack!) Die Hexe versprach Wassilissa das Feuer, wenn sie für sie arbeiten würde. Das machte das Mädchen, ohne zu murren – und dank der Zauberkräfte ihrer Puppe war sie auch ruck, zuck mit allem fertig.

Die Baba Yaga freute sich sehr. Sie gab Wassilissa das Feuer und schickte sie nach Hause. Wie überrascht war das Mädchen, als es dort ankam: Die Stiefmutter und die Schwestern waren inzwischen spurlos verschwunden! Ob die Baba Yaga da ihre Finger im Spiel hatte? Das weiß niemand! Jedenfalls lebten Wassilissa und ihr Vater von diesem Tag an glücklich und zufrieden bis an ihr Lebensende.

SATYRN

Satyrn sind kleine, etwas pummelige menschenartige Wesen mit spitzen Ohren, die anstelle von Füßen Ziegenhufe haben. Außerdem sind sie handwerklich sehr geschickt und bauen aus Holz, das sie im Wald finden, Eisen und anderen Metallen tolle Dinge. Einige Satyrn sind großartige Musiker, die alle möglichen Instrumente beherrschen und ihnen wunderschöne Melodien entlocken können. Wenn diese Wesen rennen, hörst du sie schon von Weitem – ähnlich wie galoppierende Pferde. Deshalb ist es für sie auch sehr schwierig, sich unbemerkt anzuschleichen. O, und noch ein letztes Detail: Satyrn müffeln, ehrlich gesagt, ziemlich.

Jetzt lass uns mal in Großmutters Notizen schauen. Denn natürlich hat sie auch Satyrn getroffen und jede Menge über sie herausgefunden.

Alle Satyrn haben Hörner. Manche sind kurz und spitz, andere groß und geschwungen wie die eines Hammels. So oder so sind seine Hörner der ganze Stolz eines Satyrs, denn damit fühlt er sich ein ganzes Stück größer und wichtiger.

Auch auf ihre Bärte halten Satyrn große Stücke. Ganz egal, ob voll, richtig lang oder ein hipper Ziegenbart, wichtig ist nur, einen zu haben (und ihn so wild und ungepflegt wie möglich aussehen zu lassen)!

*Am liebsten leben Satyrn in
einem undurchdringlichen
Urwald. Dort, wo die Büsche
und Wurzeln so richtig dicht
sind, fühlen sie sich am wohlsten.*

PANS UNGLÜCKLICHE LIEBE

GRIECHENLAND

Hast du schon mal eine Panflöte gesehen oder gehört? Falls nicht, ist es nicht schlimm. Denn jetzt erzählen wir dir, wie die Panflöte entstanden ist. Das ist eine ziemlich irre Geschichte, versprochen!

Eines Tages begegnete der Satyr Pan einer wunderschönen Wassernymphe namens Syrinx. Da du schon einiges über Wassernymphen weißt, kannst du dir denken, was passierte: Pan verliebte sich unsterblich in Syrinx. Aber Syrinx erschrak vor dem müffelnden Satyr mit den spitzen Hörnern und dem wilden Bart und flüchtete zu ihrem Vater, dem mächtigen Flussgott Ladon.

Die Ärmste! Syrinx hatte solche Angst vor Pan, dass sie ihm nie wieder begegnen wollte. Und so bat sie ihren Vater, sie in eine Pflanze zu verzaubern, damit Pan sie nicht mehr finden konnte. Ladon war zuerst etwas verwirrt, aber schließlich gab er nach und verwandelte Syrinx in ein Schilfrohr. Bald darauf erfuhr Pan davon. Verzweifelt suchte er im dichten Schilf am Flussufer tagelang nach Syrinx.

Doch seine Suche war vergeblich. Traurig wollte Pan wenigstens ein Andenken an seine Geliebte mitnehmen. Und so schnitt er ein langes Schilfrohr ab (keine Bange, es war nicht die verzauberte Syrinx!), teilte es in unterschiedlich lange Stücke und band sie mit Grashalmen aneinander. So entstand eine Flöte. Wenn Pan mit den Lippen darüberfuhr und hineinblies, entlockte er ihr wunderschöne, weiche und unendlich traurige Töne. In Erinnerung an seine Geliebte nannte er sie Syrinx.

Schon bald darauf lief Pan wieder mit seinen Satyr-Freunden durch den Wald, tanzte, lachte und erschreckte am liebsten arglose Wanderer.

Heute heißt die Flöte aus Schilfrohr Panflöte und sie wird immer noch gespielt – natürlich auch von Satyrn! Und weil sie sogar in der weltberühmten Oper *Die Zauberflöte* vorkommt, in der sie vom lustigen Vogelfänger Papageno benutzt wird, um Vögel anzulocken, wird sie auch „Papagenopfeife“ genannt.

SÂNZIENE

Ihr Name sieht vielleicht kompliziert aus, aber das sollte dich nicht davon abhalten, diese wunderbaren Geschöpfe kennenzulernen! Die feenartigen Sânziene leben in den Wiesen und Wäldern der rumänischen Karpaten (das Gebirge, in dem auch Dracula lebt!). Sie sind sanfte und freundliche Wesen. Ihren Namen haben sie von einer kleinen gelben Wildblume mit zartem Duft, dem Echten Labkraut, das auf Rumänisch *Sânziană* heißt. Das Labkraut blüht in der Zeit um die Sommersonnenwende herum. Dann kommen die Sânziene aus ihren Verstecken hervor und tanzen wie vom Blumenduft betört über die Wiesen (was sie im Winter machen, weiß leider niemand). Und obwohl so wenig über diese geheimnisvollen Wesen bekannt ist, werden sie in ganz Osteuropa gefeiert! Unsere Großmutter hat ein paar Dinge über sie herausgefunden – Wissen, das wir jetzt unbedingt mit dir teilen möchten!

Sânziene kümmern sich um alle Blumen und Kräuter auf den Wiesen und in den Wäldern. Daher haben die Pflanzen, neben ihrem herrlichen Duft, auch viele heilende Eigenschaften, die Menschen und Tieren guttun.

Sânziene können allerdings auch sehr rachsüchtig sein (und das, obwohl sie so niedlich und zart aussehen!). Wenn sie sich nicht respektiert fühlen, beschwören sie, ohne mit der Wimper zu zucken, fürchterliche Unwetter herauf, die die Ernte auf den Feldern zerstören.

Sânziene tragen leichte, helle Kleider und hübsche Kronen aus Kräutern und Blättern auf den Köpfen.

DAS FEST DES 24. JUNI

RUMÄNIEN

Auch wenn es keine richtige Fabelwesen-Geschichte ist, möchten wir dir nun gern erklären, wie das Sânziene-Fest entstanden ist – ein sehr wichtiges Fest, das in Rumänien jedes Jahr am 24. Juni gefeiert wird.

Sânziene bringen Glück. Mit ihren magischen Kräften lassen sie Pflanzen wachsen und gedeihen und verleihen ihnen eine heilende Wirkung. Sie schützen auch die Ernte vor Unwetter und Frost (außer, wenn sie schlechte Laune haben, brrr!).

Jedes Jahr am 24. Juni versammeln sich die Sânziene in einem Kreis, um zu singen und zu tanzen. Die Menschen gesellen sich zu ihnen und zeigen den Feen damit ihre Dankbarkeit. Dabei tragen die Mädchen, wie die Feen, helle Kleider und Blumenkronen. Die Bauern der Umgebung errichten zu Ehren der Sânziene große Lagerfeuer. In einigen Dörfern zünden die Menschen auch Fackeln an und stellen sie rund um ihre Häuser auf.

An diesem Tag passiert aber noch etwas anderes ganz Außergewöhnliches: Die Sonne am Himmel bleibt erstaunt stehen, um den Menschen und Feen beim Tanzen zuzuschauen. Deswegen ist am 24. Juni der Tag viel, viel länger als die Nacht.

ZWERGE

Tadaa, hier kommen sie! Die wunderbaren Wesen, auf die du sicher schon gewartet hast: klein, pausbäckig, gutmütig, freundlich und mit roten Zipfelmützen und gepflegten Bärten. Ja, genau, es geht um Zwerge! Wusstest du, dass sie in die Zukunft sehen und in den Bergen Erzadern und andere verborgene Schätze finden können? Außerdem kennen sie sich gut mit den magischen Eigenschaften von Kräutern und Steinen aus und können daraus Extrakte gewinnen, um Krankheiten zu heilen. Sie sind also wirklich vielseitig begabte kleine Handwerker! Zwerge können auch mit Tieren sprechen und arbeiten hart daran, die Wunder der Natur zu beschützen. Unsere Großmutter war mit vielen von ihnen befreundet. Sie wusste auch ganz genau, wo ihre winzigen Häuser zu finden sind, die sie oft in Baumhöhlen bauen. Lass uns schauen, ob wir sie ebenfalls entdecken!

Außer ihrer markanten Zipfelmütze tragen Zwerge gern lange Hemden, die ein Ledergürtel mit großer Schnalle zusammenhält, und bequeme Lederstiefel.

Frauen und Mädchen tragen bei den Zwergen hübsch bestickte Blusen und lange Röcke. Sie flechten sich Zöpfe ins Haar und setzen gern – anders als die Männer – grüne Mützen auf.

Kaum zu glauben, aber wahr: Zwerge sind siebenmal stärker als Menschen. Obwohl sie so klein sind, sollte man die kräftigen Kerlchen also besser nicht wütend machen!

DER FREUNDLICHE MÜLLER UND DIE ZWERGE

NIEDERLANDE

Diese Geschichte handelt davon, dass Zwerge zwar sehr menschenscheu, aber immer hilfsbereit sind, wenn sie gebraucht werden. Die kleinen Wesen haben eben ein großes Herz. Ein wirklich, wirklich großes Herz!

Es war einmal ein Müller, der arbeitete Tag und Nacht, um seine Familie zu ernähren. Eines Morgens hörte er plötzlich ein Stimmchen, das um Hilfe rief. Der Müller eilte in die Richtung, aus der das Stimmchen kam. Er staunte nicht schlecht, als er ein Zwergenmädchen in großer Gefahr fand. Denn es fehlte nicht viel und es wäre vom Mühlstein zerquetscht worden! Sofort hielt der Müller die Mühle an und das Zwergenmädchen sprang so schnell davon, dass er sich verwundert die Augen rieb. Hatte er nur geträumt? Doch kurz darauf kam das Zwergenmädchen zurück – und ihm folgten viele weitere Zwerge.

Einer rief: „Du hast meine Tochter gerettet. Zum Dank dafür wollen wir dir helfen. Wenn wir in deiner Mühle wohnen dürfen, wirst du es nicht bereuen."

Von diesem Tag an lebten die Zwerge im Dachgebälk der Mühle und halfen dem Müller bei seiner Arbeit. Doch nicht nur das. Sie achteten auch darauf, dass kein Feuer ausbrach, und warnten ihn vor Unwettern. So konnte der Müller seine Mühle vor größeren Schäden schützen. Und wenn jemand aus der Familie krank wurde, pflegten ihn die Zwerge mit ihren Kräutern und Heiltränken gesund.

Leider wurden ihre Nachbarn immer neidischer auf die glückliche Müllersfamilie und ihr sorgloses Leben. Viele wurden richtig gemein. Lisa aber war ein freundliches Nachbarsmädchen. Sie kannte sich gut mit Waldwesen aus und konnte außerdem ausgezeichnet töpfern.

Lisa wusste, dass das Glück der Müllersfamilie das Werk der Zwerge war, und sie wünschte sich nichts sehnlicher, als ebenfalls einen Zwerg bei sich wohnen zu haben. Doch sie wusste auch, dass Zwerge Menschen mieden, die wie ihre Eltern immerzu Böses herumerzählten. Und da ihr kein anderer Ausweg einfiel, töpferte sie einen hübschen Zwerg aus Ton und brannte die Statue in ihrem Ofen. Dann malte sie den Zwerg an und stellte ihn in den Garten.

Die Zwerge in der Mühle liefen sofort los, um sich den Tonzwerg anzusehen. Und sie waren sehr gerührt, dass Lisa sich ihnen zu Ehren solche Mühe gemacht hatte. Fortan brachten sie Lisa zum Zeichen ihrer Freundschaft jeden Monat ein Geschenk. Und so begann unter den Menschen die Tradition, Gartenzwerge aufzustellen … und aufs Glück zu warten.

ELFEN

Und damit sind wir fast am Ende der Notizensammlung unserer Großmutter angelangt. Fast! Denn zum krönenden Abschluss geht es nun um die wunderbaren Elfen. Manche Menschen verwechseln sie mit Kobolden oder Feen. Dabei sind sie doch ganz anders. Pass also gut auf! Denn sie werden wütend, wenn das passiert. Diese winzigen, anmutigen Wesen haben viele Talente: Sie können sich unsichtbar machen, durch die Luft schweben und sehr weit springen. Sie sind sehr gelenkig und genauso schnell hocherfreut wie stocksauer. Es gibt verschiedene Arten von Elfen. Die meisten sind sehr freundlich, aber einigen, wie den Elfen der Finsternis, möchtest du lieber nicht begegnen …

Garten- und Wiesenelfen tragen am liebsten scharlachrote oder grüne Kleidung und einen niedlichen Hut aus einer Blütenkrone, an dem winzige Glöckchen bimmeln.

Außer den Waldelfen, die in den dichtesten und ältesten Wäldern zu Hause sind, gibt es dort auch Lichtelfen und Elfen der Finsternis.

Elfen sprechen eine komplizierte Sprache: Elbisch. Es ist fast unmöglich, sie zu erlernen, denn sie hat Tausende von Dialekten!

DER ELFEN-GÄRTNER DES KÖNIGS

SPANIEN

Zum Abschluss unserer Geschichtensammlung möchten wir dir von einem ganz besonderen Elfen erzählen. Er kannte sich unglaublich gut mit Pflanzen aus und war so einfallsreich, dass er sogar im Garten des spanischen Königs arbeiten durfte.

In dem großen weiten Park des Königlichen Palastes in Madrid lebte zwischen den Büschen und Bäumen einst ein schelmischer kleiner Elf. Er versteckte sich so gut, dass ihn niemand jemals zu Gesicht bekam. Nur wahren Liebenden zeigte er sich. Und wie ein echter Gärtner kümmerte sich der Elf mit Hingabe um die Blumen im königlichen Garten.

Eines Tages ging der König in seinem herrlichen Park spazieren. Da bemerkte er, dass sich die schönen Blumen bewegten! Ja, wirklich. Es war, als liefen sie umher! Zunächst hielt der überraschte König das für einen Scherz seiner Gärtner (diese Schlingel!).

Doch in den folgenden Tagen geschah es immer wieder! Schließlich fragte der König seinen Gärtner, was da vor sich gehe.

Der Gärtner zögerte, doch schließlich sagte er die Wahrheit: Ein kleiner Elf trieb hier seinen Schabernack! Das Zauberwesen liebte es, mit den Blumen zu spielen und ihnen immer neue Farben und Formen zu geben. Der König war so beeindruckt, dass er den Elf zum „Königlichen Gärtner“ machte. Obwohl er ihn überhaupt nicht sehen konnte!

KENNST DU DICH MIT MAGISCHEN WESEN AUS? MACH DEN TEST!

Überraschung! Hier kommt sie, die magische Prüfung! Möchtest du wissen, ob auch du bereit bist, Hüterin oder Hüter magischer Geschöpfe zu sein? Dann beantworte die folgenden Fragen. Wir drücken dir fest die Daumen! Kleiner Tipp: Alle Antworten auf diese Fragen findest du in unseren Büchern!

1 WER ZERSTÖRTE VORTIGERNS BURG IN WALES?

A Ein blauer und ein gelber Drache
B Ein roter und ein weißer Drache
C Ein schwarzer und ein grüner Drache

2 WELCHE FORM HATTE DER DRACHE VON BRÜNN?

A Monsterschlange
B Monstervogel
C Monsterkrokodil

3 WER ZÄHMTE DEN DRACHEN TARASQUE?

A Georg
B Martha
C Wanda

4 WIE VIELE KÖPFE HAT DER SÁRKÁNY?

A Einen
B Drei
C Sieben

5 WAS WAR FAFNIR, BEVOR ER EIN DRACHE WURDE?

A Ein Zwergenprinz
B Ein Drachenkämpfer
C Ein Hexenmeister

6 WELCHES WORT MACHT FEEN SO RICHTIG WÜTEND?

A Danke
B Entschuldigung
C Hallo

7 WONACH RIECHEN OGER?

A Moos und vergammelte Pilze
B Ziegen
C Suppe

8 WIE ODER WO VERSTECKT SICH GILLE DUBH?

A In einer Sandkuhle
B Er tarnt sich mit Kleidung aus Blättern, Moos und Rinde.
C Hinter Blumen

9 WARUM SIND DIE HÖRNER DER TROLLE SO UNPRAKTISCH?

A Sie sind furchtbar klebrig.
B Sie jucken fürchterlich.
C Sie verfangen sich in den Zweigen der Bäume.

10 EIN MODEBEWUSSTER SATYR TRÄGT ...

A einen Bart.
B einen Schnauzer.
C hochpolierte Hufe.

AUSWERTUNG

Auflösung

1-B, 2-C, 3-B, 4-C, 5-A, 6-A, 7-A, 8-B, 9-C, 10-A

Du hast 5 oder weniger Fragen richtig beantwortet?

Du solltest diese Prüfung wirklich erst ablegen, wenn du dich ein bisschen mit magischen Geschöpfen auskennst. Lies dazu am besten dieses Buch! Du wirst die magischen Geschöpfe und ihre Geschichten lieben – und danach bestimmt auch alle Fragen richtig beantworten!

Du hast 6 bis 9 Fragen richtig beantwortet?

Dir kann so schnell niemand eine Elfe für eine Fee vormachen und einen Drachen wirst du niemals mit einem Monsterkrokodil verwechseln! Weiter so!

Du hast alle 10 Fragen richtig beantwortet?

Gratulation! Du hast die Prüfung bestanden und darfst dich „Hüterin magischer Geschöpfe“ oder „Hüter magischer Geschöpfe“ nennen!

Anna Láng

Anna Láng ist eine ungarische Grafikdesignerin und Illustratorin, die zurzeit in Mailand lebt und arbeitet. Nach ihrem Abschluss in Grafikdesign 2011 arbeitete sie drei Jahre lang in einer Werbeagentur und für das Nationaltheater in Budapest. 2013 gewann Anna Láng bei der Ungarischen Biennale für Grafikdesign mit einer Shakespeare-Posterserie den Preis der Stadt Békéscsaba. In den letzten Jahren hat sie mehrere Kinderbücher illustriert.

Tea Orsi

Tea Orsi liebt es seit ihrer Kindheit, Geschichten zu erfinden. Inzwischen hat sie ihre Leidenschaft zum Beruf gemacht und arbeitet als Kinderbuch- und Drehbuchautorin. Ihre Geschichten stecken voller Prinzessinnen, Feen und anderer außergewöhnlicher Charaktere, die nur darauf warten, ins nächste Abenteuer zu starten. Tea Orsi lebt mit ihrer Familie und zwei Hunden in Parma, Italien, bereist aber auf der Suche nach Inspirationen für ihre Arbeit auch gern die ganze Welt.

FSC
www.fsc.org
MIX
Papier | Fördert gute Waldnutzung
FSC® C018236

Klimaneutral
Druckprodukt
ClimatePartner.com/18521-2202-1001

ISBN 978-3-7432-1686-0
1. Auflage 2023
erschienen unter den Originaltiteln *The Great Book of Dragon Legends*
und *The Great Book of Forest Legends*

Piazzale Luigi Cadorna, 6
20123 Milan, Italy
www.whitestar.it

Bühlstraße 4, D-95463 Bindlach
Aus dem Englischen übersetzt von Anna Taube
Umschlag- und Innenillustrationen: Anna Láng
Umschlaggestaltung: Ramona Karl
Printed in the EU

www.loewe-verlag.de